Armin Täubner

Kinderleichte Fensterbilder

Frech-Verlag Stuttgart

Auflage: 10. 9. 8. 7. 6.
Jahr: 1997 96 95 94 93
Letzte Zahlen maßgebend

ISBN 3-7724-1436-2 · Best.-Nr. 1436
Druck: Frech-Verlag GmbH + Co. Druck KG, D-70499 Stuttgart

Fensterbilder sind nicht an eine Jahreszeit oder an ein bestimmtes Thema gebunden. Sie sind immer ein hübscher Blickfang, von innen und von außen. Vor allem Kinder mögen sie. Und für Kinder ist dieses Buch gedacht.

In leuchtenden Farben entstehen viele Tiere: ein spielender Bär, ein Frosch im Teich, tanzende Mäuse, ein Bär auf Seefahrt ... Und sicher kommt auch dieses Jahr ein Zirkus in die Stadt, der mit einem passenden Fensterschmuck begrüßt werden kann.

Auch Ostern und die Adventszeit wurden nicht vergessen. So hat ein Osterhase schon ein paar Eier bemalt und der Weihnachtsexpreß lädt zum Mitfahren ein.

Schwäne

1. Ist der Schwan ausgeschnitten, malst Du mit Filzstift das Auge auf. Der Schnabel wird ebenfalls mit Filzstift bemalt.
2. Zeichne mit einem Zirkel einen Kreis auf blauen Karton. Der Radius beträgt 8,5 cm. Schneide die Kartonscheibe aus.
3. Klebe den Schwan auf die Kartonscheibe. Bei der Kartonscheibe eventuell einen Innenschnitt vornehmen.

Was gibt's Neues?

1. Schneide alle Teile einmal aus. Nur der Pilz wird viermal benötigt.
2. Klebe die Tanne und den Baumstumpf auf das Wiesenstück.
3. Male mit einem schwarzen Filzstift dem Reh Auge, Nase und Maul auf und färbe die Hufe ebenfalls schwarz.
4. Klebe das Reh so auf das Fensterbild, daß es auf den Baumstumpf blickt. Vogel und Pilze nicht vergessen.

Dies ist mein Zuhause

1. Klebe den roten Pilzhut auf den weißen Stiel.
2. Den Pilz klebst Du mitten auf das Grasbüschel.
3. Auf den Pilzstiel wird nun die dunkelbraune Kartonscheibe geklebt.
4. Klebe am Mäusekopf (gestrichelte Linie) von hinten die beiden Ohren und Vorderbeine (punktierte Linie) fest. Male mit einem schwarzen Filzstift Augen und Nase auf.
5. Zum Schluß wird die Maus auf der Kartonscheibe befestigt.

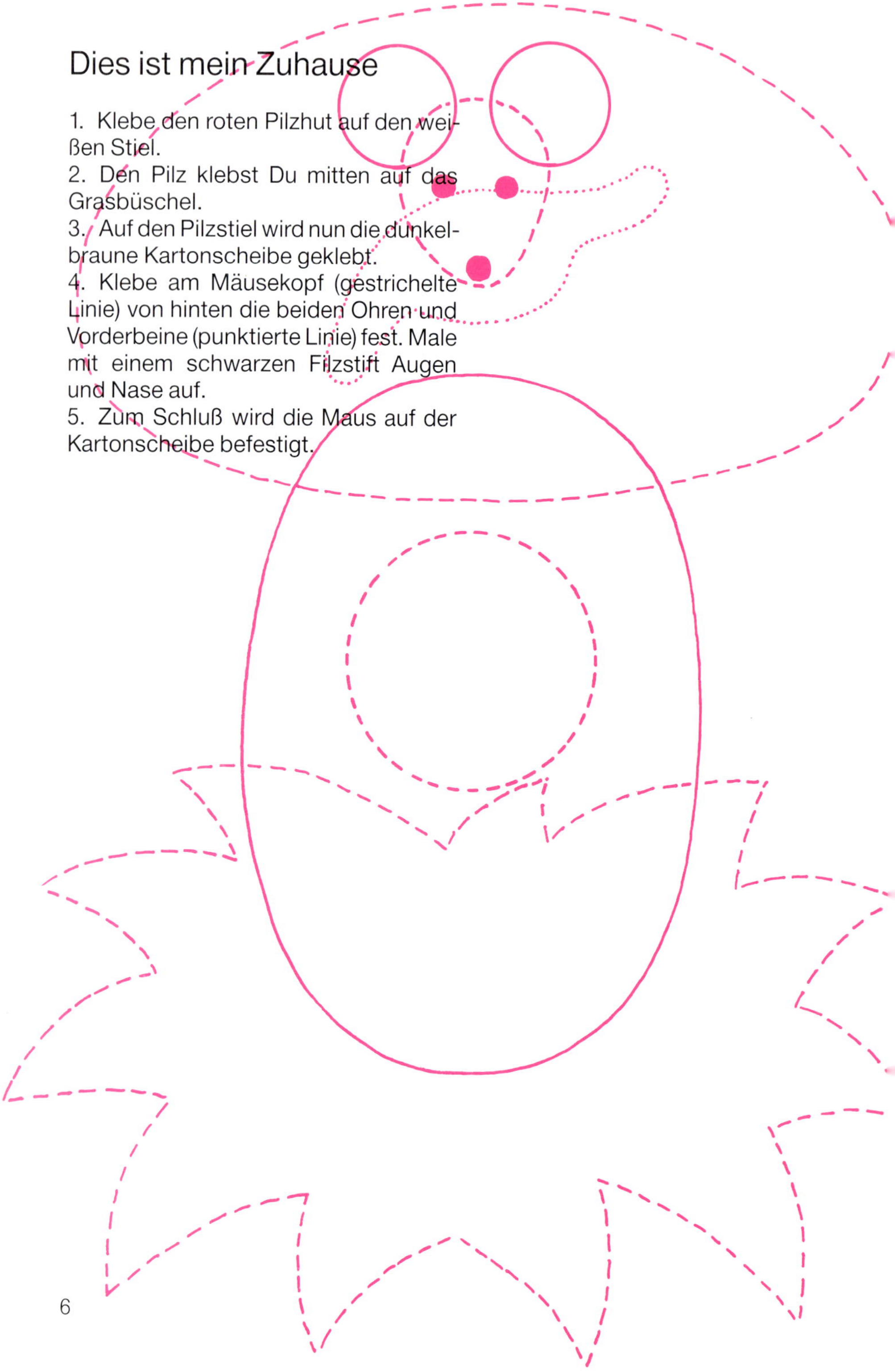

Der Zirkus ist da!

1. Schneide das Zelt aus und befestige das lila Rechteck (punktierte Linie). Zwei lila Dreiecke (gestrichelte Linie) auf das Dach kleben.
2. Das Zelt klebst Du nun auf die gelbe Bodenfläche.
3. Der hellblaue Elefant erhält zuerst ein Ohr. Anschließend malst Du ihm mit einem schwarzen Filzstift das Auge und den Schwanz auf.
4. Klebe den Elefant vor das Zelt.
5. Die Bälle bestehen immer aus zwei Kartonscheiben. Eine Scheibe faltest Du in der Mitte und klebst sie dann auf die zweite, gleich große Scheibe.
6. Du klebst nun die Bälle vor und hinter den Elefant.
7. Zum Schluß kannst Du noch ein kleines Kärtchen mit der Aufschrift „Zirkus" schreiben.

Siehe auch Vorlagenbogen

Zirkus

Fertig zum Ausritt

1. Das Pony besteht aus vier Teilen: Körper, Mähne, Schweif und Sattel. Klebe zuerst Mähne und Schweif (gestrichelte Linie) am Körper fest. Mit einem schwarzen Filzstift werden Auge, Nüster, Zaumzeug, Hufe und der Sattelgurt aufgemalt. Nun kann auch der Sattel befestigt werden.
2. Klebe das Pony auf das Wiesenstück. Vor und unter dem Pony wird das Tulpengrün befestigt. Die Tulpenblüten bestehen immer aus zwei Teilen. Ein Blütenteil wird in der Mitte gefaltet und auf das zweite Blütenteil geklebt.

Willst Du mit mir spielen?

1. Zeichne auf die runde, weiße Kartonscheibe mit schwarzem Filzstift die Bärenschnauze und klebe sie dann auf den Teddykopf. Die Augen werden aufgemalt.
2. Nun wird der gelbe Sand in den Eimer geklebt.
3. Klebe den Eimer am Bärenbauch fest. Jetzt können die Bärenbeine und der zweite Arm befestigt werden. Zum Schluß klebst Du noch die Schaufel in die erhobene Bärentatze.

Mein Drachen ist der schönste

1. Du beginnst am besten mit dem Drachen. Male mit einem schwarzen Filzstift das Gesicht auf. Als Haare und Ohren werden rote, gezackte Formen geklebt.

2. Klebe den Drachen zusammen mit der Wolke am Himmel fest. Als Drachenschwanz malst Du mit Filzstift eine leicht geschwungene schwarze Linie. Auf diese Linie klebst Du drei rote Papierformen.

3. Das Kind besteht nur aus einem roten Teil. Sein Haar, seine Hand und der Mantelsaum werden mit einem dikken, schwarzen Filzstift aufgemalt.

4. Zusammen mit dem weißen Kaninchen klebst Du nun das Kind auf das Wiesenstück.

5. An der Ober- und an der Unterseite des Himmels und an der Kinderhand werden die Aufhängelöcher eingestochen und die Fäden angeknüpft.

Siehe auch Vorlagenbogen

Mein Lieblingspony und ich

1. Pony:
a) Das Pony besteht aus fünf Teilen: vorderer Rumpf, Kopf, Mähne, hinterer Rumpf und Schweif.
b) Am vorderen Rumpf klebst Du zuerst den Kopf (gestrichelte Linie) und dann die Mähne (punktierte Linie) an.
c) Leicht nach links oben verschoben wird der hintere Rumpf am vorderen Rumpf angeklebt. Schließlich klebst Du noch den Schweif an.
d) Mit einem dicken schwarzen Filzstift malst Du Augen, Nüstern, Zaumzeug und Hufe an.

2. Mädchen:
a) Das blonde Haar von hinten am Mantel ankleben.
b) Male mit einem feinen schwarzen Filzstift das Gesicht auf die rosa Form. Klebe das Gesicht und darüber die Schleife von vorne auf das Haar.
c) Die Hände werden ebenfalls von vorne, die Stiefel von hinten am Mantel befestigt.

3. Es liegt nun bei Dir, ob Du nur das Pony alleine oder zusammen mit dem Mädchen basteln willst. Sollen beide auf dem Fensterbild sein, benötigst Du als Hintergrund ein grünes Kartonrechteck, das 35 cm hoch und 25 cm breit ist. Für das Pony alleine genügt ein Rechteck mit den Maßen 35 cm und 18 cm.

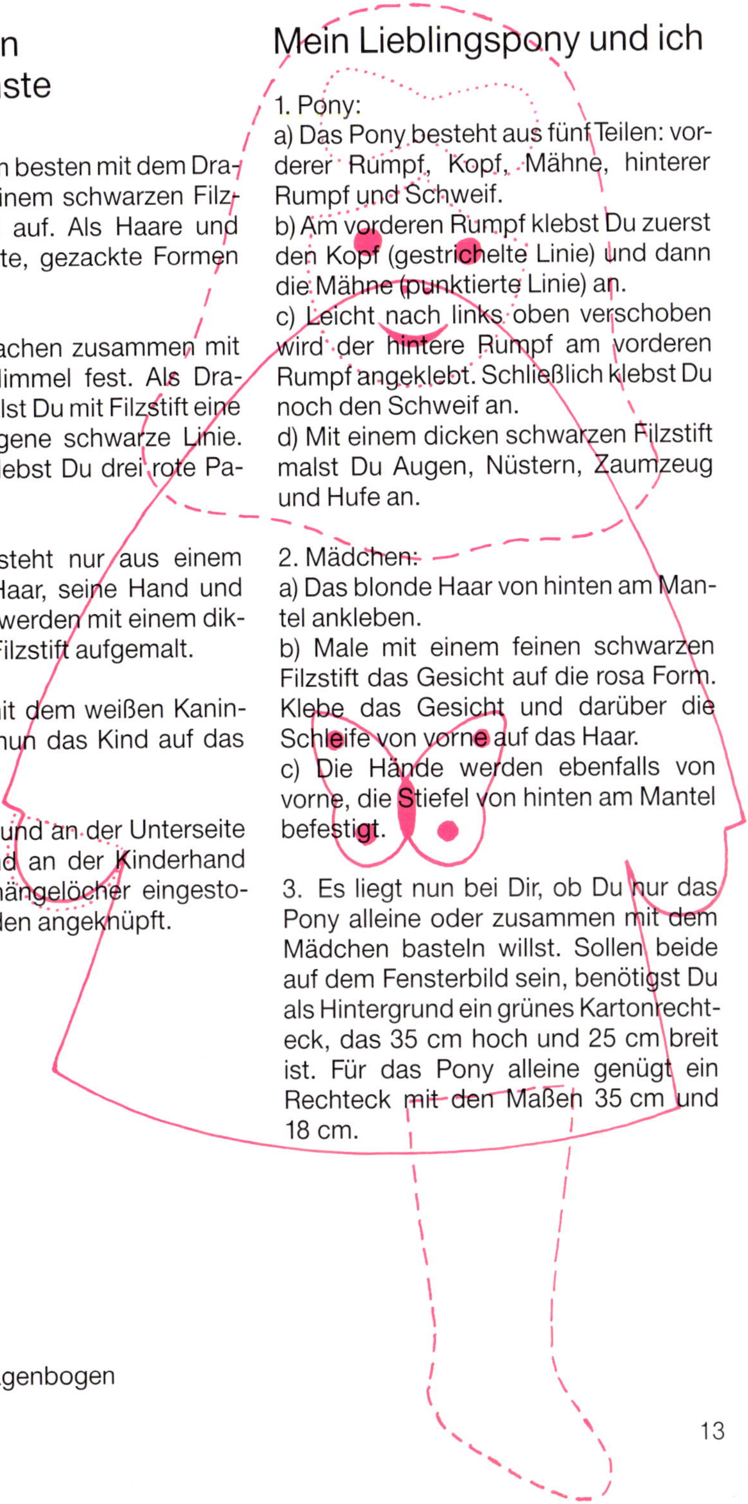

Mein Lieblingspony und ich. Anleitung Seite 13

Hier findet mich bestimmt niemand

1. Alle Teile brauchst Du nur einmal.
2. Bevor Du Ohren (punktierte Linie) und Schnauze (durchgezogene Linie) am Hundekopf endgültig festklebst, legst Du sie vorher so hin, daß sich die Schnauze genau zwischen den Ohren befindet. Klebe zuerst die Schnauze, dann die Ohren an.
3. Die Augen und die Nase werden mit Filzstift aufgemalt. Das Hundemaul wird als schwarzer Punkt direkt unter die Schnauzenmitte gemalt.
4. Klebe die Pfoten des Hundes von vorne am oberen Stiefelrand fest. Unter der linken Vorderpfote wird schließlich noch der Knochen befestigt.

Ein Tänzchen in Ehren

1. Beide Mäuse werden zuerst vollständig zusammengeklebt, bevor sie auf dem Kartonherz befestigt werden.
2. Mäusedame: Am Kopf klebst Du auf das runde Ohr das etwas kleinere rosa Innenohr (gestrichelte Linie). Von hinten wird das andere Ohr (punktierte Linie) angeklebt. Mit schwarzem Filzstift malst Du dann Auge, Mund und Nase auf.
Klebe nun den Kopf auf das gelbe Kleid (gestrichelte Linie). Anschließend wird der fehlende Arm (punktierte Linie) befestigt. Mit einem schwarzen Filzstift werden die Hände und die Füße eingefärbt. Jetzt fehlt nur noch der Schwanz.
3. Der Mäuseherr wird genauso gearbeitet.

Bin ich nicht ein niedlicher Osterhase

1. Auf dem Hasenkopf zeichnest Du mit Bleisift das Gesicht vor und ziehst dann die Linien mit schwarzem Filzstift nach.
2. Jedes Ohr besteht aus einem braunen und einem weißen Teil. Klebe das weiße auf das braune Teil. Befestige beide Ohren am Hasenkopf.
3. Schneide Eier in verschiedenen Farben aus und klebe sie unten am Hasenkörper fest.
4. Ein Ei klebst Du mitten auf den Hasenkörper. Die beiden Hasenpfoten, die dieses Ei halten, werden erst ganz zum Schluß angebracht.

Meine Katze und ich

1. Für das Kartonherz kannst Du auch Blau, Rot oder Grün wählen.
2. Wenn Du die Katze ausgeschnitten hast, wird zuerst mit schwarzem Filzstift das Katzengesicht aufgemalt. Vielleicht zeichnest Du die Linien leicht mit Bleistift vor. Am Hals wird anschließend die Schleife befestigt.
3. Am blonden Haar klebst Du von hinten das Gesicht an.
4. Klebe zuerst die Katze und dann das Mädchen auf das Kartonherz.

Wann kann ich ausfliegen?

1. Das hellgrüne Nest und den rosa Flügel mußt Du zweimal ausschneiden. Klebe zunächst ein Nestteil auf den weißen Rahmen.
2. Von hinten wird der rosa Vogel angeklebt. Bevor Du die schwarzen Augen mit Filzstift aufmalst, mußt Du den weißen Schnabel ankleben. Jetzt wird der Flügel angebracht.
3. Drehe nun das Fensterbild um und befestige das zweite Nestteil und den anderen Flügel.

Siehe auch Vorlagenbogen

Zwei Freunde

1. Den roten Korb schneidest Du doppelt aus. Alle anderen Teile werden nur einmal benötigt.
2. Klebe den Hundekörper (durchgezogene Linie) von hinten an den Korb. Daneben wird der Katzenkörper so befestigt, daß der Schwanz vollständig zu sehen ist.
3. Drehe nun das angefangene Fensterbild um und klebe das zweite Korbteil an.
4. Das Fensterbild wird erneut umgedreht. Zuerst werden die beiden Hundeohren (punktierte Linie) und dann die Schnauze angeklebt. Mit schwarzem Filzstift malst Du nun die Augen und die Nase auf. Die Nase kann auch aus schwarzem Papier oder Karton ausgeschnitten und aufgeklebt werden. Unter der Hundeschnauze wird das Maul mit einem schwarzen Filzstift aufgemalt.
5. Auf dem Katzenkopf malst Du mit Filzstift das Katzengesicht. Vielleicht zeichnest Du es leicht mit Bleistift vor. Zwischen den Ohren wird noch eine Schleife befestigt, bevor Du den Katzenkopf am Körper anklebst.
6. Die beiden Bälle bestehen jeweils aus zwei gleichen Kartonscheiben. Eine Kartonscheibe wird in der Mitte gefaltet (gestrichelte Linie). Die zusammengefaltete Kartonscheibe wird an der Faltlinie mit Klebstoff bestrichen und auf die zweite, gleich große Kartonscheibe geklebt.

Siehe auch Vorlagenbogen

Der Weihnachtsexpreß

1. Die Lokomotive: An die gelbe Lokomotive (gestrichelte Linie) klebst Du zuerst den roten Seitenstreifen (Strich-Punkt-Linie) und dann die drei Räder. Achte darauf, daß der Abstand zwischen den Rädern etwa gleich groß ist. Am Schornstein wird dann von hinten die weiße Dampfwolke angeklebt.
2. Der Weihnachtsmann: Er besteht aus dem weißen Kopfteil (durchgezogene Linie), auf das das Gesicht mit Filzstift aufgemalt wird und dem roten Körper. Das untere Teil des Weihnachtsmannes klebst Du von hinten an die Lokomotive. Die Mützenspitze wird vorne befestigt.
3. Der Eisenbahnwagen: Auf das gelbe Rechteck (gestrichelte Linie) klebst Du zuerst das rote Dach und den roten Seitenstreifen. Dazwischen werden die drei Fenster angeordnet. Nun können die beiden Räder angeklebt werden.
4. Jetzt werden Lokomotive und Wagen auf das große violette Rechteck geklebt. An Lokomotive und Wagen werden noch die schwarzen Puffer befestigt.

Willst Du mich streicheln. Anleitung Seite 26

Willst Du mich streicheln?

1. Die Katze mußt Du zweimal aus weißem Karton und einmal aus schwarzem Papier ausschneiden. Wenn Du damit fertig bist, klebst Du die drei Katzen so aufeinander, daß sich die schwarze zwischen den beiden weißen Katzen befindet. Der Grund dafür ist, daß das dunklere Rasenstück durch den weißen Karton durchschimmert.
2. Zeichne mit Bleistift das Katzengesicht leicht vor und ziehe dann die Linien mit einem schwarzen Filzstift nach.
3. Die Katze klebst Du nun auf das Rasenstück. Jetzt fehlen nur noch die Glockenblumen und der Schmetterling, die schnell aufgeklebt sind.

Eine Seefahrt, die ist lustig

1. Das gelbe Boot mußt Du zweimal ausschneiden. Alle übrige Teile werden nur einmal benötigt.
2. Auf den braunen Bärenkörper klebst Du den weißen Brustfleck und das weiße Schnauzenteil. Mit einem schwarzen Filzstift malst Du anschließend das Bärengesicht. Den Fähnchenstiel kannst Du ebenfalls schwarz anmalen.
3. Bei dem runden, blauen Rahmen schneidest Du das Innere am besten mit einer Nagelschere heraus. Nun wird das gelbe Boot angeklebt. Vergiß den roten Fisch nicht!
4. Der Bär wird von hinten an das Boot geklebt. Jetzt kannst Du das Fensterbild umdrehen und auf der Rückseite das zweite gelbe Bootsteil ankleben.

Siehe auch Vorlagenbogen

Zwei Glücksbringer

1. Marienkäfer: Die eiförmige Körperform schneidest Du aus rotem Karton aus. Mit einem dicken schwarzen Filzstift wird der Kopf eingefärbt. Anschließend wird die verbleibende rote Fläche mit einer schwarzen Linie in die beiden Flügel unterteilt. Jetzt kannst Du die schwarzen Punkte auf die Flügel malen. Das Kopfteil und die Flügelpunkte können natürlich auch aus schwarzem Papier ausgeschnitten und aufgeklebt werden. Die Augen bestehen aus zwei weißen Kartonscheiben, mit einem schwarzen Punkt in der Mitte.
2. Blatt: Lege die Käfer, die bis jetzt noch keine Beine haben, auf das grüne Blatt und fahre ihre Umrisse ganz leicht mit Bleistift nach. Mit einem dicken schwarzen Filzstift zeichnest Du nun die Beine an diese Umrisse. Zum Schluß werden die Käfer aufgeklebt.

Originalgröße

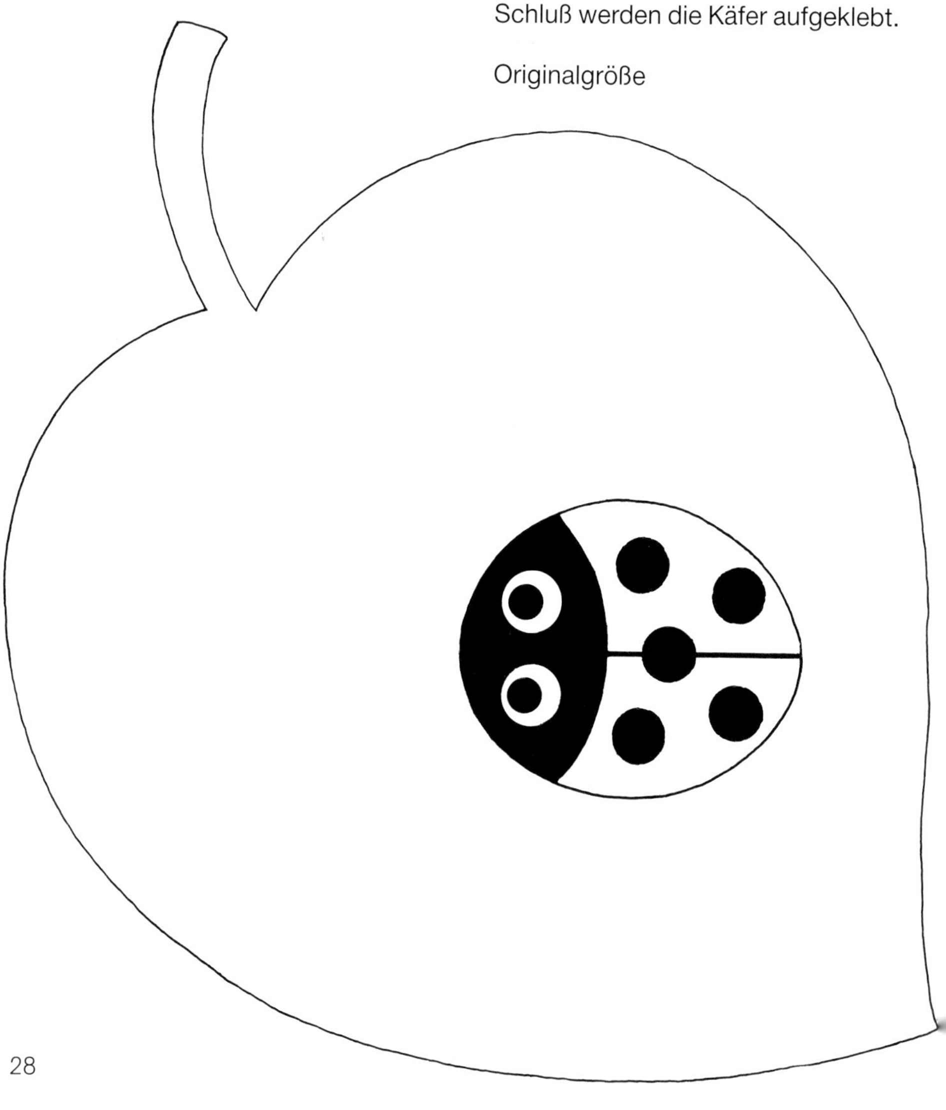

So ein Apfel ist doch etwas Feines

1. Apfel: Schneide den Apfel aus rotem Karton aus. Auf die Vorderseite des Apfels klebst Du dann die etwas kleinere weiße Fläche. Mit schwarzem Filzstift wird nun der Apfelstiel angemalt und schließlich das Blatt angeklebt.
2. Mäuse: Die Mäuseohren bestehen jeweils aus einer größeren grauen und einer kleineren weißen Kartonscheibe. Klebe jeweils eine weiße auf eine graue Kartonscheibe. Die fertigen Mäuseohren werden nun am Mäusekörper befestigt. Augen und Schnäuzchen mit schwarzem Filzstift aufmalen. Jetzt noch die schwarzen Schwänze ankleben – die Mäuse sind fertig und können an den Apfel geklebt werden.

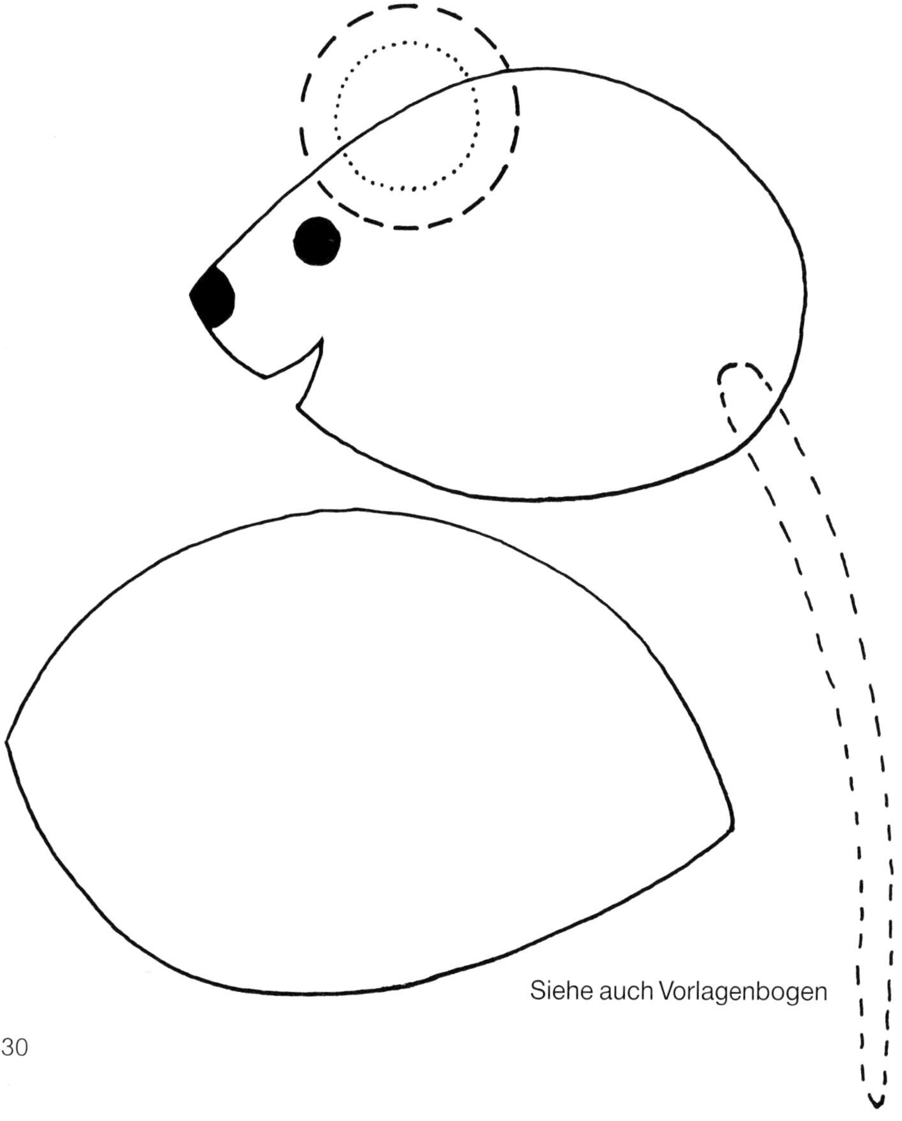

Siehe auch Vorlagenbogen

Frisches Obst und Gemüse

1. Aus mehreren hellgrünen Blättern wird der Kopfsalat zusammengeklebt.
2. Den Salatkopf klebst Du zuerst am blauen Karton fest. Davor und daneben kann nun das Obst und das restliche Gemüse angeordnet werden. Vielleicht fallen Dir noch einige Früchte ein, die Du gerne in Deinem Korb sehen würdest. Für sie wirst Du bestimmt noch ein Plätzchen finden.

So ein süßes Kätzchen

1. Kopf und Körper der Katze mußt Du zweimal aus weißem Karton und einmal aus braunem oder schwarzem Karton ausschneiden.
2. Klebe ein weißes auf ein dunkles Katzenkopfteil. Beim Körper gehst Du genauso vor. Das Hinterkleben mit dunklem Karton ist notwendig, weil man sonst die Umrisse der verschiedenen Teile durch den weißen Karton schimmern sieht. Male das Gesicht mit schwarzem Filzstift auf den Katzenkopf, bevor Du ihn auf den Körper klebst.
3. Als nächstes wird die Katze mit der dunklen Rückseite auf dem rosa Rahmen befestigt. Drehe nun das Bild um und beklebe die dunkle Katzenrückseite mit dem weißen Rumpf und Kopf, die ja noch übrig sind.
4. Zum Schluß werden noch die Tulpenblätter und -blüten angebracht.

Es geht doch nichts über ein kühles Bad

1. Der Frosch: Die Froschaugen bestehen aus zwei roten Kartonscheiben. Zeichne mit einem dicken schwarzen Filzstift jeweils einen Strich durch die Augenmitte. Nun werden die Augen am Froschkopf angeklebt. Mit einem Bleistift werden die Nasenlöcher und das Maul leicht vorgezeichnet und mit Filzstift aufgemalt.

2. Die Fliegen: Die Flügel bestehen aus weißem Transparentpapier. Wenn Du die Flügel ausgeschnitten hast, klebst Du sie am schwarzen Fliegenkörper fest.

3. Die Seerosenblüte: Die Blüte besteht aus drei Teilen, die Du so aufeinander klebst, daß sich das kleinste Teil ganz oben befindet.

4. Der Frosch, die Fliegen und die Seerose klebst Du so auf den blauen Rahmen, wie auf dem Foto zu sehen ist.

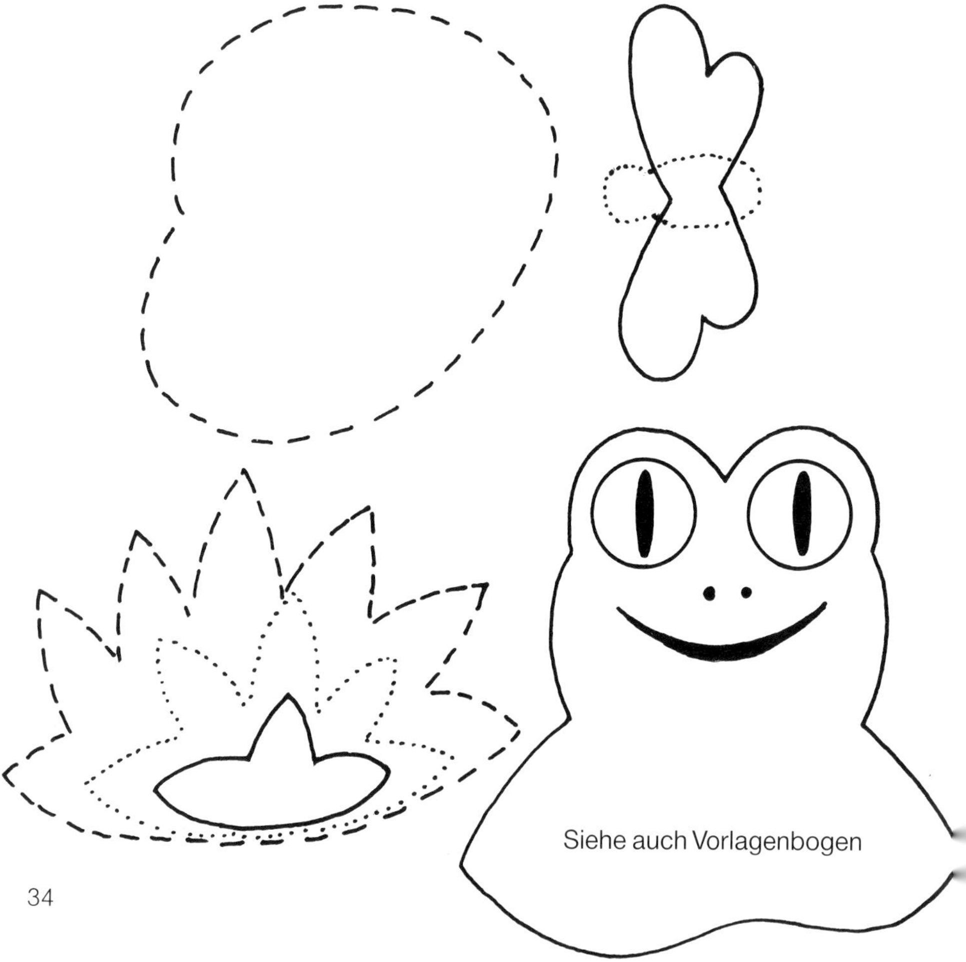

Die vier Jahreszeiten

Frühling und Sommer

Frühling: Du beginnst am besten mit dem brütenden Vogel. Er wird von hinten an den oberen Nestrand geklebt. Das Nest wird anschließend in der großen Astgabel befestigt. Nun können die Äste und Zweige mit hellgrünen Blättern und rosaroten Blüten geschmückt werden.

Sommer: Die kleinen Vögel sind inzwischen geschlüpft und haben das Nest verlassen. Zwischen den dunkelgrünen Blättern sind die roten Äpfel herangereift.

Siehe auch Vorlagenbogen

Die vier Jahreszeiten

Herbst und Winter

Herbst: Die Blätter haben sich inzwischen gelb und orange verfärbt. Viele Blätter sind abgefallen. Die Äpfel hat man bereits geerntet. Nur ganz oben hängt noch ein Apfel. Unten am Stamm liegt ein zweiter Apfel, der dem Vogel gut zu schmecken scheint.
Winter: Auf den Ästen und Zweigen des Baumes liegt eine dicke Schneeschicht. Auch das verlassene Vogelnest erhält eine weiße Schneehaube. Am Fuße des Baumes sitzt ein Kaninchen und in den verschneiten Zweigen hat sich ein gelber Vogel niedergelassen.

Siehe auch Vorlagenbogen

Der Weihnachtsmann belädt seinen Schlitten

1. Auf den violetten Rahmen klebst Du zuerst die weiße Schneefläche und darauf den Tannenbaum.

2. Der Weihnachtsmann besteht aus fünf Teilen. Zeichne das Gesicht mit schwarzem Filzstift auf das weiße Kopfteil. Du kannst das Gesicht leicht mit Bleistift vorzeichnen. Für die Wangen nimmst Du am besten einen roten Farbstift.

3. Klebe das Kopfteil auf den roten Körper des Weihnachtsmannes. Nun werden die rechte Hand und die beiden weißen Ärmelsäume angeklebt.

4. Den Weihnachtsmann klebst Du so auf das Fensterbild, daß er den Baum ein wenig verdeckt. Davor wird schließlich der gelbe Schlitten befestigt. Ganz zum Schluß können noch Schneeflokken oder Sterne an den Himmel geklebt werden.

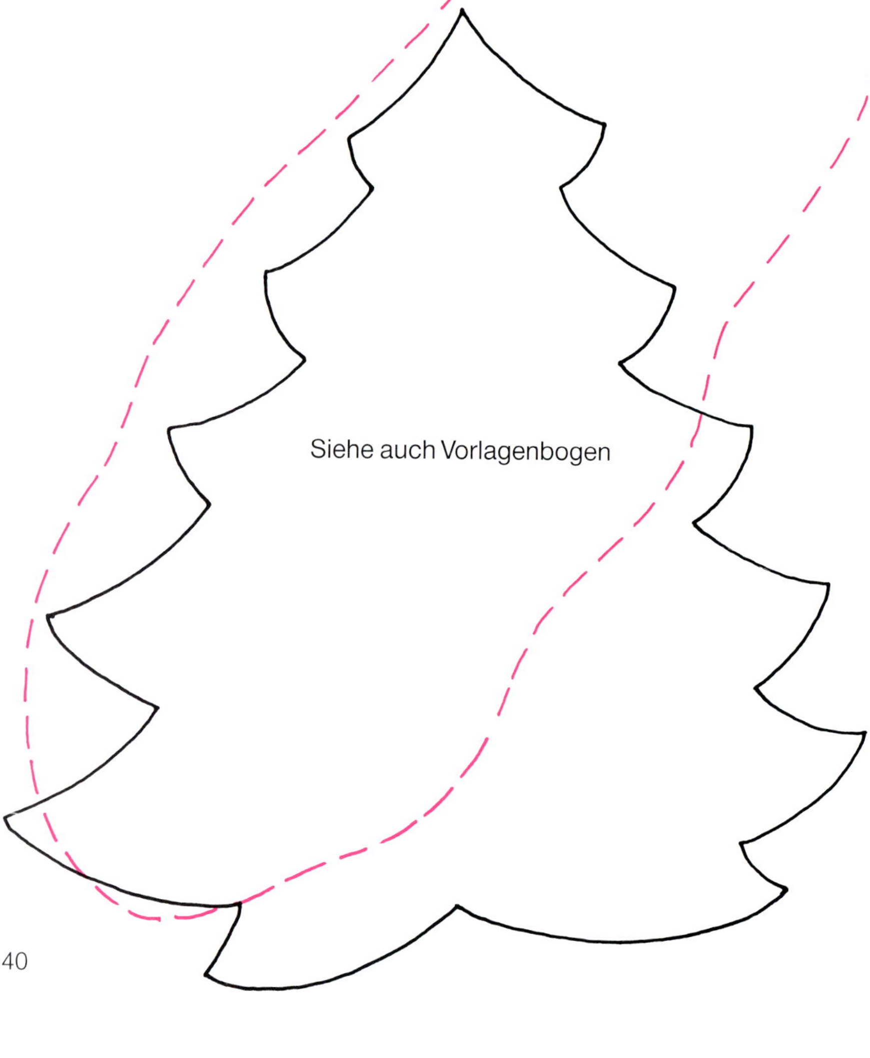

Stille Nacht, Heilige Nacht

1. Klebe auf den roten Engelskörper das mit schwarzem Filzstift bemalte rosa Gesicht.
2. Bevor die Hände angeklebt werden, mußt Du das weiße Kartonrechteck befestigen.
3. Drehe den Engel um und klebe zuerst die Flügel und dann den Heiligenschein auf der Rückseite an.

Weihnachtsbaum

1. Schneide den Tannenbaum insgesamt dreimal aus. Einen Tannenbaum klebst Du mit dem Stamm und mit der Baumspitze am roten Rahmen fest. Die beiden anderen Bäume mußt Du mit dem Lineal und der Scherenspitze (oder einer Nagelfeile) entlang der punktierten Linie anritzen und zusammenklappen. Die beiden gefalteten Bäume werden an der Faltlinie mit Klebstoff bestrichen und auf die Vorder- und die Rückseite des bereits aufgeklebten Baumes geklebt.

2. Jede brennende Kerze besteht aus zwei Teilen: der rechteckigen Kerze und der runden Flamme. Beide Teile klebst Du, wie auf dem Foto zu sehen ist, aufeinander. Mit einem schwarzen Filzstift wird noch der Docht eingezeichnet. Zum Schluß werden die brennenden Kerzen auf dem Baum verteilt. Wenn Du magst, kannst Du noch einige Goldsternchen oder Glaskugeln ankleben.

Bärenhöhle

1. Klebe auf den Bärenkopf die weiße Schnauze und male mit schwarzem Filzstift das Bärengesicht auf.
2. Der Kopf wird nun auf dem Bärenrumpf befestigt.
3. Den fertigen Bären klebst Du auf den dunkelbraunen Höhleneingang.

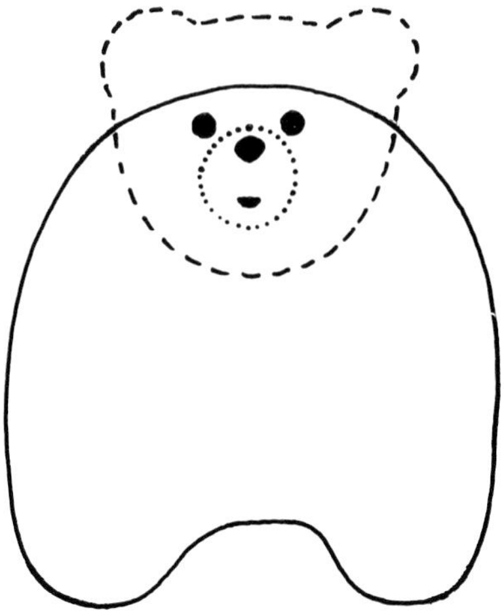

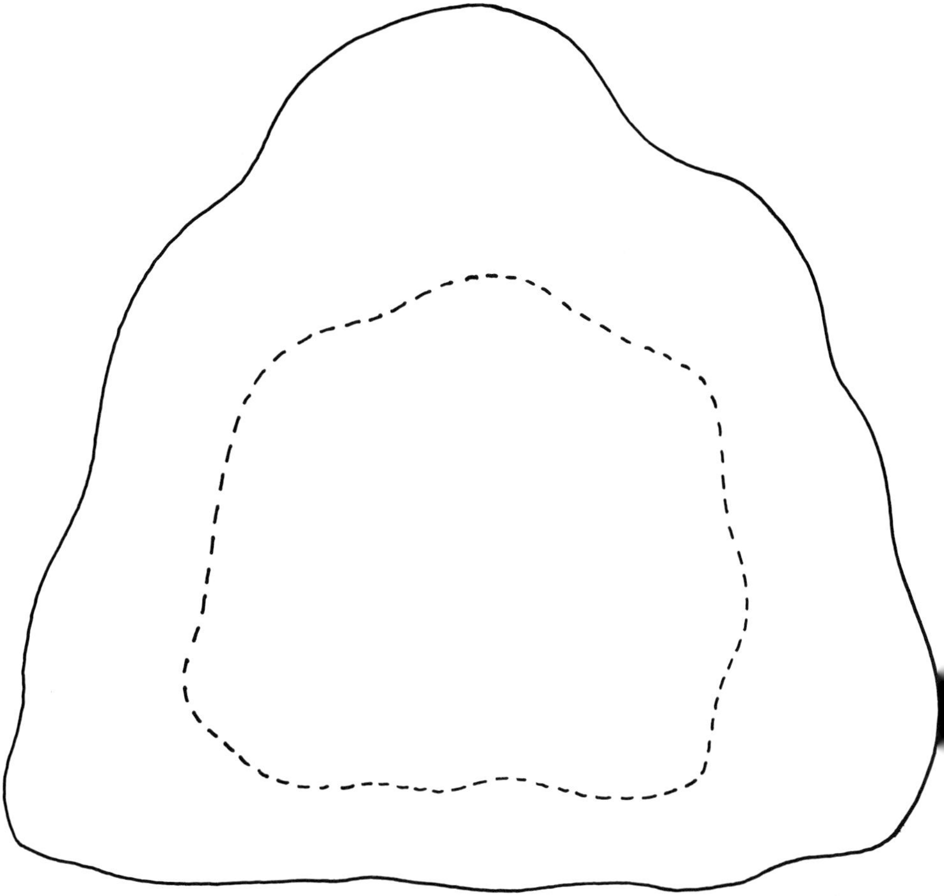

Ein Schmetterling zu Besuch

1. Auf die blaue Blüte klebst Du die ovale Blütenmitte.
2. An der Blüte wird von hinten der grüne Stengel befestigt.
3. Den dunklen Schmetterlingsrumpf mußt Du doppelt ausschneiden und auf Vorder- und Rückseite des Schmetterlings ankleben. Mit einem schwarzen Filzstift werden zum Schluß die Flügelpunkte aufgemalt.

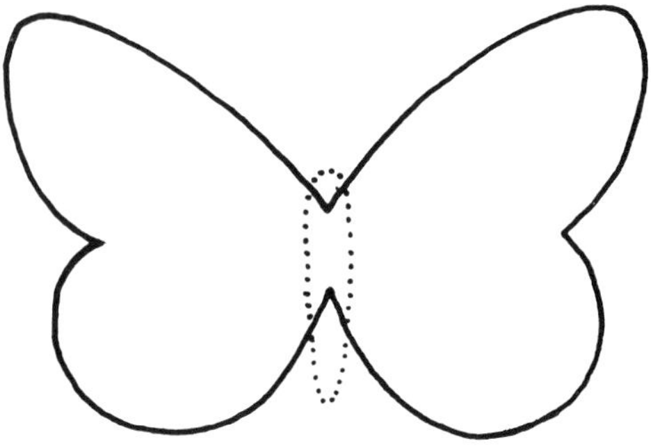

Hast Du mir etwas zu essen mitgebracht?

1. Schneide mit der Nagelschere aus dem blauen Rahmen die runde Innenfläche heraus.
2. Anschließend klebst Du die Grasfläche und die Wolken auf.
3. Die beiden Vögel mit den aufgeklebten gelben Flügeln werden zum Schluß am Fensterbild angebracht.

Siehe auch Vorlagenbogen